Félix Lope de Vega y Carpio

Artes poéticas

Barcelona **2024**
Linkgua-ediciones.com

Créditos

Título original: Artes poéticas.

© 2024, Red ediciones S.L.

e-mail: info@red-ediciones.com

Diseño de cubierta: Michel Mallard.

ISBN rústica: 978-84-9816-791-7.
ISBN ebook: 978-84-9897-698-4.

Cualquier forma de reproducción, distribución, comunicación pública o transformación de esta obra solo puede ser realizada con la autorización de sus titulares, salvo excepción prevista por la ley. Diríjase a CEDRO (Centro Español de Derechos Reprográficos, www.cedro.org) si necesita fotocopiar, escanear o hacer copias digitales de algún fragmento de esta obra.

Sumario

Créditos _____ 4

Brevísima presentación _____ 7
   La vida _____ 7

Artes poéticas _____ 9
   A Don Juan de Arguijo, veinticuatro de Sevilla (I) _____ 9
   Don Juan de Arguijo, veinticuatro de Sevilla (I II) _____ 17
   Papel que escribió un señor destos reinos a Lope de Vega Carpio en razón de la
   nueva poesía _____ 23
   Respuesta de Lope de Vega Carpio _____ 24
   Soneto I, 1609 _____ 36

Libros a la carta _____ 39

Brevísima presentación

La vida

Félix Lope de Vega y Carpio (Madrid, 1562-Madrid, 1635). España. Nació en una familia modesta, estudió con los jesuitas y no terminó la universidad en Alcalá de Henares, parece que por asuntos amorosos. Tras su ruptura con Elena Osorio (Filis en sus poemas), su gran amor de juventud, Lope escribió libelos contra la familia de ésta. Por ello fue procesado y desterrado en 1588, año en que se casó con Isabel de Urbina (Belisa). Pasó los dos primeros años en Valencia, y luego en Alba de Tormes, al servicio del duque de Alba. En 1594, tras fallecer su esposa y su hija, fue perdonado y volvió a Madrid. Entonces era uno de los autores más populares y aclamados de la Corte. La desgracia marcó sus últimos años: Marta de Nevares una de sus últimas amantes quedó ciega en 1625, perdió la razón y murió en 1632. También murió su hijo Lope Félix. La soledad, el sufrimiento, la enfermedad, o los problemas económicos no le impidieron escribir.

Conocido como dramaturgo, aquí se recogen observaciones estéticas de Lope de Vega.

Artes poéticas
Félix Lope de Vega y Carpio (1562-1635)

A Don Juan de Arguijo, veinticuatro de Sevilla (I)
Para escribir Virgilio de las abejas, hablando con Mecenas, dijo: Admiranda tibi levium spectacula rerum.

Si V.M. ha pasado mi Angélica, ni viene mal esto mismo, y así dice el Tasso en su Poética que se pueden tratar las cosas humildes con ornamento grande, que responde a lo que en la Arcadia tengo escrito. Este poema no es heroico ni épico, ni le toca la distinción de Poema y Poesis que pone Plinio. Basta que le venga bien lo que dijo Tulio de Anacreonte, que tota poesis amatoria est. Algunos llevan mal las exornaciones poéticas contra el consejo de Bernardino Danielo, que no quiere que se use de palabras bajas, y realmente eso se concede a cómicos y satíricos, como se ve en Terencio y Persio. A la Arcadia objetan el efecto. Aquella prosa es poética que, a diferencia de la historial, guarda su estilo como se ve en el Sanazaro. ¿Y qué tiene de diferencia azules lirios y siempre verdes mirtos a este principio?:

Sogliono il più delle gli alti e spaziosi alberi negli orridi monti dalla natura prodotti più che le coltivate piante, da dotte mani espurgati negli adorni, giardini a'riguandanti aggradare.

Aquí pone el Sanazaro «altos y espaciosos árboles, hórridos montes, cultivadas plantas, doctas manos y adornados jardines». De manera que casi hay tantos epítetos como palabras. Porque la amplificación es la más gallarda figura en la Retórica, y que más majestad causa a la oración suelta. Y los epítetos ¿por qué han de ser pleonasmos? La redundancia de palabras en la oración es viciosa cuando están en ella ociosas y sin alguna causa, como quien dijese: «Oyó con los oídos; habló con la boca y vio con los ojos», como condena en el Petrarca el Daniello cuando dijo:

Se Virgilio e Omero avessin visto
quel sole, il qual veggo io con ogli occhi miei.

Y aquello verdaderamente es afirmativo, y en el hablar común recibido por ordinario término, como en Terencio: Hisce oculis ego met vidi. Que los lugares todos de Virgilio a este modo tienen diversa inteligencia como cuando dijo:

Talia voce refert.

Porque dice que aquello dijo con la voz, pero que proemit altum corde dolorem, y que spem vultu simulat.

La Arcadia es historia verdadera, que yo no pude adornar con más fábulas que las poéticas. No es infructuosa, pues enseña en el quinto libro la virtud de Anfriso, y el método para huir de amor y del ocio, por la opinión de Horacio, que omne tulit punctum. Y a quien le ha leído podría yo decir lo que Juan de Monteregio por las Teóricas de Gerardo Cremonense, que no estaban escritas a su gusto, y dábansele al amigo que las leía: Optimi viri functus est officio: non modo enim benedicentibus gratiae sunt habendae, verum etiam errantibus: nam per hos quidem cautiores reddimur, per illos autem meliores. Que es lo mismo que dijo Luis Vives: Ex sapientibus disce, quo fias melior; ex stultis quo fias cautior. Y después en aquel libro y en este, en aquella y esta pintura es una misma la pluma y los pinceles, no será fuera de propósito responder algo, no que parezca defensa ni satisfacción, que tan mal suelen dar autores vivos, y por eso dice bien aquella inscripción del hieroglífico donde está la muerte laureada: Hic tutior fama.

Usar lugares comunes, como engaños de Ulises, salamandra, Circe y otros ¿por qué ha de ser prohibido, pues ya son como adagios y términos comunes, y el canto llano sobre que se fundan varios conceptos? Que si no se hubiera de decir lo dicho, dichoso el que primero escribió en el mundo, pues a un mismo sujeto bien pueden pensar una misma cosa Homero en Grecia, Petrarca en Italia y Garcilaso en España. Ni es bien escribir por términos tan inauditos que a nadie pareciesen inteligibles; pues si acaso las cosas son escuras, los que no han estudiado maldicen el libro porque quisieran que todo estuviera lleno de cuentos y novelas, cosa indigna de hombres de letras; pues no es justo que sus libros anden entre mecánicos e ignorantes, que cuando no es para enseñar no se ha de escribir para los que no pudieron aprender.

Esto de las arenas y estrellas está recibido, y las habemos de buscar por fuerza para un gran número, pues no puede ser mayor que, habiéndole dicho Dios a Abrahán: Numera stellas, si potes, pues él solo las contó y llamó por su nombre, como David lo dice y Jeremías: Sicut numerari non possunt stellae coelli, aunque Albateño, Alfragano y Tolomeo las reduzcan a número de mil y veinte y dos; y así lo vemos en cuantos han escrito. Marulo dijo:

>Non tot signa micant tacente nocte,

y más abajo por las arenas:

>Non tantus numerus Libyssae arenae,

y Catulo lo mismo:

>Quam magnus numerus Libyssae arenae,

y Silio Itálico por las estrellas:

>Quam multa affixus coelo sub nocte serena
>Fluctibus et mediis sulcator navita ponti
>Astra videt,

y Ovidio:

>Quot coelum stellas, tot habet tua Roma puellas,

y en otro lugar:

>Quot flavas Tibris arenas.

Luego si todos los antiguos y celebrados para comparar grandes números traen las arenas y estrellas, no es error imitarlos ni decir lo dicho.

Las «tórtolas» y «Troya» no es justo que las culpe nadie por repetidas, pues lo fuera en el Petrarca haber hecho tantos sonetos al Lauro, y el Ariosto al Ginebro y el Alemani de la Pianta; que si los nombres de las personas que amaron les dieron esa ocasión, yo habré tenido la misma.

Las Églogas de aquellos pastores no son reprehensible por imitadas, ni esta tela de la Angélica por trama de Ariosto, que él también la tomó del Conde Mateo María, y cuando lo fueran, otros habían primero que yo errado en lo mismo. Pero no porque Tespis hiciese la primera tragedia, como refiere Horacio en su Arte Poética, y Dafne las Bucólicas por opinión de Suidas y de Diodoro en el libro quinto, fuera bien que dejara de hacer Séneca su Agamenón y Hércules, y Virgilio sus Églogas, fuera de las que con tanta elegancia escribieron Calfurnio, Nemesiano, el Petrarca, Juan Baptista Mantuano, el Bocacio y Pomponio Gaurico, y el mismo Virgilio toma las suyas de Teócrito, pues es opinión de Servio que este verso tuvo principio en tiempo de Jerjes, y lo que después han escrito las han tomado de Virgilio.

Livio Andrónico inventó las comedias, pero no perdió honra Plauto con las suyas, pues se dijo dél que hablaban las Musas ore Plautino, como afirma Epio Stolo y refiere Crinito, Y el Poema heroico de Homero ¿qué ha quitado al de Virgilio, Estacio y Lucano? Y los sacerdotes egipcios que Josefo siente por los primeros inventores del escribir en prosa, o sea Moisés o Cadmo, como duda Polidoro, ¿por qué han de ser dueños de la historia de Eusebio, Tito Livio, Nauclero y Paulo Jovio? Reprehenden que haya dicho:

A quién hiela el desdén, y el amor arde

que no quisieran que fuera activo; caso extraño es de la manera que nos privan de lo que cuantos han escrito llaman licencia, aunque en esto no la tomé yo, sino Virgilio cuando dijo:

Corydon ardebat Alexim.

Que también a mí me puede valer la respuesta de los Gramáticos (de que Dios nos libre) id est, ardenter amabat. Dice en otro lugar reprehendido, hablando del Sol:

Al tiempo que se humilla.
Este Ovidio lo dijo: Pronus erat Titam y en otra parte:

> Inclinatoque petebat
> Hesperium fretum,

y Lucano:

> Iam pronus in undas,

y Estacio:

> Sol pronus equos.

Y pues ya he llegado a esto, no puedo dejar de referir a V.M. la objeción de uno destos, de quien se dice que escriben y es como el cantar de los cisnes, que todos saben que cantan, pero ninguno los oye; a lo menos que no saben la diferencia que va del borrador al molde, de la voz del dueño a la del ignorante, de leer entre amigos o comprar el libro; fue sobre aquella fábula de Palas en mi Arcadia:

> Palas con furor y envidia.

Dijo que ¿cómo siendo diosa tenía envidia? Y respondíle que dioses que tenían sensualidad bien podían tener envidia. Pues se leen de Júpiter más de dos mil doncellas violadas, de que se hallarán en el Bocacio más de otros tantos hijos, y que si no sabía que fueron mortales hombres, leyese a Palefato De non credentis fabulis.

Aquí se ofreció reprender haber dicho por imposible que el aire tendría cuerpo, y debe de ser que no conoció que yo no hablaba del tangible sino del cuerpo opaco; que esto es tener cuerpo, ser discernido de la vista, y la distinción es luz del argumento. Y porque en aquel libro y en este, particularmente donde escribo tantas hermosuras y tan diversas, y en cuantos tiene el mundo de poesía, cansa a muchos que se pinte una mujer con oro, perlas y corales, pareciéndoles que sería la estatua de Nabucodonosor, no puedo dejar de referir aquí lo que siento con algunos lugares de poetas antiguos. Cornelio Gallo pintó a su Lidia de esta suerte en estos celebrados líricos:

> Lidya puella candida,
> quae bene superas lac et lilium
> albanique simul rosam rubidam

y aun aquí llamó a la rosa «colorada», y a la azucena «blanca». Pero díjolo Virgilio:

> Alba ligustra cadunt.

Mas pasando adelante:

> Aut expolitum ebur Indicum.
> Pande, puella, pande capitulos.
> Flavos, lucentes, ut aurum nitidum.
> Pande, puella, collum candidum.
> Productum bene candidis humeris.
> Pande, puella, stellatos oculos.

Que aquí los llama no solo de estrellas sino «estrellados».

> Pande, puella, genas roseas
> Perfusas rubro purpurae Tyriae.

Dice que son de rosa, y bañadas de púrpura de Tiro.

> Porrige labra, labra coralina.

Aquí llama a los labios «corales».
Y luego más abajo: «Conde papillas, conde gemipomas».
Que aún llama a los pechos dos manzanas, y Fausto Sabeo también:

> lecit in amplexus roseos, malasque papillas.

Pero sin esto, dijo Virgilio por Lavinia:

> Indum sanguineo veluti violaverit ostro
> Siquis ebur, aut mixta, rubent ubi lilia multis
> Alba rosis, tales virgo dabat ore colores.

Llama también blanca a la azucena y hácele la cara como marfil de Indias, y mezclado con la sangre de las conchas que llaman púrpura, y la juntó con rosas y azucenas. Y Mantuano dijo por la Virgen: Os roseum, boca de rosa, y frontique decorem sidereum, y nuestro divino Arias Montano en aquellos tetrásforos la llamó de oro y de rosa:

> Ut vultus rosae Virginis aureos.
> Uxor levitici Pontificis videt, etc.

Y adonde dijo Jerónimo Vidas:

> Pudor ora pererrans,
> Cana rosis veluti miscebat lilia rubris.

Llama a las azucenas canas, a las rosas rojas, y dijo que mezclaba la vergüenza en la cara las rosas y las azucenas. ¿Y por qué dijo Policiano que el Sol salía con la boca de la rosa?:

> Extulerat roseo Cynthius ore diem,

y Horacio:

> Nunc et qui color est punicae flore prior rosae,

y Pontano:

> Roseumque labellis,

y Boecio:

> Roseis quadrigis,

y Estacio:

> Purpureo vehit ore die.

Y aun me acuerdo de haber leído en Virgilio purpuream animan vomit, que es más que todo. Y por no cansar a vuestra merced ¿qué poeta tiene el mundo sin estas metáforas? Si Garcilaso fue tan casto escritor ¿por qué dijo: «En tanto que de rosa y azucena»? Pero habíalo dicho Horacio, de quien él lo tomó en aquella Oda celebradísima. No digo esto a vuestra merced de quien sé por experiencia que ninguno en España sabe mejor esta materia, ni más despacio ha desentrañado los poetas latinos, sus metáforas, alegorías, contraposiciones, aposiciones, similitudes, traslaciones, licencias, apóstrofes, superlaciones y otras figuras, pues es cierto que sin ellas aun no lo sabrían hacer los que sin arte escriben.

Pues las imitaciones siempre han sido admitidas, y aun a veces las mismas traslaciones ¿qué más clara puede ser que esta de Virgilio en el segundo de la Eneida?:

> Regnatorem Asiae iacet ingens littore truncus.

Y el Ariosto en el canto cuarenta y dos, estancia 9:

> Del Regnator di Libia il grave trunco.

Pues espantarse de que un vocablo latino se españolice, no sé por qué, que el mismo Ariosto le tomó español cuando dijo:

> Sopra me questa empresa tutta quiero.

Pues en razón de descuidos ¿por qué no se han de sufrir en carrera larga habiendo el mismo dicho?:

¿Lo elmo e lo scudo anche a portar gli diede?

Pues si había dicho que Astolfo le había atado las manos, era imposible que le llevase el yelmo y el escudo. Con esto pienso que se habrá satisfecho a algunos, aunque esto se pudiera excusar, pues para los que entienden no era necesario, y para los que ignoran es como no haberlo dicho. V.M. perdone las faltas y prolijidad de este discurso en cuyo fin le ofrezco estos sonetos que se siguen. De cuyo estilo, en orden al que deben tener, no disputo, pues está tan a la larga tratado de Torcato en la lección que hizo en la Academia de Ferrara sobre un soneto de Monseñor de la Casa, sacando de la opinión de Falereo y Hermógenes, que habiendo este género de poema se ser de conceptos, que son imágenes de las cosas, tanto mejores serán cuanto ellas mejores fueren; y habiendo de ser las palabras imitaciones de los conceptos, como Aristóteles dice, tanto más sonoras serán cuanto ellos fueren más sublimes. Vuestra merced los reciba con mi voluntad, de quien puede estar satisfecho como yo lo estoy, de que si fueran de ese divino ingenio iban seguros de ser estimados como agora temerosos de ser reprehendidos.

Don Juan de Arguijo, veinticuatro de Sevilla (I II)
Es de manera ventilada en el mundo esta cuestión de honor debido a la poesía, que no hay quien se atreva a dársele y muchos atrevidamente se le quitan, y así lloraba Ovidio:

Hei mihi, non multum carmen honoris habet.
Y Tito Calfurnio, en la Égloga cuarta:
Frange puer calamos, et inanes desere Musas.

Y sucédele como a las diversas naciones en materia del conocimiento de Dios, que puesto que unas han adorado al Sol, otras a los animales y algunas a los hombres, ninguna ha sido tan bárbara que haya negado que le hubiese; lo que sucede por momentos a la Astrología con las varias opiniones, como se ve en lo que de su verdad o mentira escribió Levinio Lemnio. Ser arte es infalible, pues consta de sus preceptos, aunque haya quien diga: Quamquam non ita verum omnia, quae canunt, arte cani, nam miranda canunt, sed non credenda. Y en honra suya a este propósito basta que Platón llame a los poetas insignes, y a la poesía preclara, y más adelante, sacra, como también Ovidio:

> Quid petitur sacris, nisi tantum fama, poetis?

Con que convienen tanto Cicerón y Aristóteles. Muchos la han aborrecido en la parte que también Platón la reprehende cuando imita enojosamente las costumbres. Pienso que aquí se entienden las invectivas, de quien se ofendió tanto Roma, cuando se conoce de la ley que los censores hicieron a este efecto, referida por Horacio: Quin etiam lex penaeque lata, malo quae nollet carmine quemquam describi. Pero que lo sienta así, o como arriba digo, argumento es de la estimación en que acerca dél estuvo, hallarse escrito que toda su Filosofía tomó de Homero, clarísimo y antiquísimo poeta que fue, según la opinión de Cornelio Nepos, ciento y sesenta años antes de la fundación de Roma. Plutarco los tiene por útiles, y Tulio en la oración pro Archia poeta bastantemente los encarece, y muchas de sus obras adornó de lugares suyos. Las palabras de Estrabón son notables: Antiqui poeticam primam quandam philosofiam perhibent, quae ab ineunte nos aetate ad vivendi rationes adducit, quae mores, quae afectiones doceat, quae res gerendas cumiucunditate praecipiat. Y si en su Sintaxeos Pedro Gregorio no parece sentir bien de ella, esto no lo niega a lo menos: Probo quidem artem omnino, ut pote quae in electione verborum et sententiarum ingenia aquat et exerceat, et quae ad optima etiam possit esse celebranda instrumentum, y que no ha habido jamás entre bárbaros, gentiles y cristianos culto divino sine aliqua metrica decantatione, como se ve en nuestros himnos santísimos y yo tengo referido en mi Isidro. A que también alude Horacio en la primera epístola ad Augustum, donde con tanto primor encarece las partes en que puede ser útil y digna de alabanza. Olimpo Nemesiano dice que:

Levant carmina curas.

Y Tibulo que a quien alabaren las Musas, Vivet, dum robora tellus, / dum coelum stellas, dum vehat amnis aquas.

Y Ateneo dice que los antiguos (con serlo él tanto) cantaban en sus convites los versos que llamaban inaequales: Haec carmina canebant sapientis, atque singuli odam aliquam pulchram in medium ut proferrent dignum existimabant, eamque pulchram adhortationem, sententiemque utilem vitae opus esse crediderut.

El lugar en que San Agustín la llama error, Demócrito, insania, San Pablo, fábulas vanas y San Jerónimo la reprehende, debe ser entendido por aquel tiempo en que los poetas antiguos llamaban a Júpiter Omnipotente, escribían los vicios y torpezas de sus dioses, juraban por Cástor y Hércules, como se ve en Terencio y Plauto, que imitaban el lenguaje de entonces, y otras cosas que a nuestra Religión pueden ser ofensivas. Catón reprehendió a un cónsul porque tenía al famoso Enio (tan estimado de Cicerón) en su provincia, cosa por cierto demasiadamente dura y estoica; y así Pierres Constau, francés, no creyendo que Platón haya metido en este número a los buenos poetas, dice en sus Narraciones filosóficas, que no solamente no mueven los espíritus a mal, pero que deseando igualar la virtud de los que celebran, con aquella emulación se incitan a hacer bien, y así es a este propósito en honra de Homero famoso el encarecimiento de Alejandro. Cuando Ovidio dijo: Teneros ne tenge poetas, que eslo mismo que el referido francés dice:

> De ne chercher trop curiosement
> écrits lascifs et remplis de diffame
> car ils nous font ofencer grièvement,
> oublier Dieu, maculer corps et âme.

Y Juvenal: Nil dictu foedum visuque hoec limina tangant, porque no corrompiesen las costumbres. Y Herodoto: Poetae sunt perniciosissimis leonibus. Allá miraban el buen Marcial y otros, que sin duda lo son, aunque agudísimos, a cualquiera entendimiento casto. Y en razón del hablar libre también creyó la antigüedad que los dioses habían cegado al poeta Stersícoro, tan famoso que tenía Horacio por peligroso imitalle en castigo de haber hablado poco dignamente de la hermosura de Helena. y Crinito refiere la liberad de los poetas griegos Cratino y Aristófanes con la queja que los Metelos tuvieron del poeta Nevio, castigado en la cárcel por maldiciente. No tienen ahora esos estilos los libros, ni las censuras dellos los permiten escandalosos, de más que, por la parte de ser tiernos, la prosa suele hartas veces hurtar a la poesía sus licencias, como en Heliodoro, Apuleyo y muchos de los modernos. A esto se parecían algo los españoles antiguos, así en los encarecimientos atrevidos como en las virtudes poco honestas. Y es claro ejemplo las coplas castellanas de Juan Álvarez, algunas de Cartagena, Lope de Estúñiga y la Justa que hizo Tristán. Solo me parece que los disculpa no las haber impreso con su gusto, sino aquellos que después la juntaron para hacer volumen. Y así no me maravillo que los oídos castos y religiosos aborrezcan generalmente lo que en sí es bueno por particulares tan malos y dignos de reprehensión.

La poesía casta, limpia, sincera, aunque sea amorosa, no es ofensiva, que no la ha parecido la del Petrarca a ningún recatado ingenio; la del Serafino Aquilano, el Cardenal Bembo, Luis Alemani, Aníbal Nozolino, Vulteyo, francés, los dos Tassos y otros, aunque amorosos, honestísimos poetas. Ni dejó San Agustín de leer y encarecer el libro cuarto de la Eneida por ser tierno sino por el testimonio levantado injustamente a Dido de que también se queja Ausonio. Castísimos son aquellos versos que escribió Ausías March en lengua lemosina que tan mal, y sin entenderlos Montemayor tradujo. Bien parecían antiguamente aquellos conceptos amorosos dichos con la blandura de los pensamientos, y no ofendiendo la gravedad de los que los sentían. El Duque segundo de Alba. en aquella edad escribió así:

> Tú, triste esperanza mía,
> conviene que desesperes,
> pues que mi ventura guía
> la contra de lo que quieres.

Y el Duque de Medina en aquel mismo tiempo:

> Son mis pasiones de amor
> tan altas en pensamiento,
> que el remedio es ser contento
> por la causa de dolor.

Y don Jorge Manrique en este galán pensamiento:

> No sé por qué me fatigo,
> pues con razón me vencí,
> no siendo nadie conmigo,
> y vos y yo contra mí.

Y Juan de Mena dijo milagrosamente:

> Por pesar del desplacer
> querría poder forzar
> mi deseo al mal querer
> como el vuestro al desear;
> que sabiendo que por él
> vivo vida trabajosa,
> asaz seríades cruel,
> si no fuésedes piadosa.

A este modo fue en aquel tiempo famoso Tapia, Garci-Sánchez y otros. Ni el señor rey don Juan se ofendió de escribir a Juan de Mena versos, ni el Almirante a Castillejo. Fueron el Duque de Sessa y don Diego de Mendoza maravillosos, que de Garcilaso y Boscán, nombrándolos, está dicho; que Boscán si no alcanzó la experiencia de los versos largos, nadie le puede negar los altos pensamientos, y en nuestro tiempo hubo muchas canciones castísimas de Pedro de Lerma, don Juan de Almeida, don Lope de Salinas, Figueroa, Pedro Láynez y don Fernando de Acuña. Y para decir verdad, en ningún siglo ha conocido España tantos príncipes que con tal gracia, primor, erudición y puro estilo escriban versos, como son tan evidente ejemplo el Conde de Lemos, el de Salinas, el Marqués de Cerralvo, el Comendador Mayor de Montesa, el Duque de Osuna, el Marqués de Montes Claros y el doctísimo Duque de Gandía, si no malograra su temprana muerte los que con tanta elegancia escribió el Marqués de Tarifa, nuestro siglo sin duda había hallado en España su poeta. Y pienso que cuando por sus estudios y únicas partes (que entre tales señores es justo nombrarle) no mereciera Herrera nombre de divino, por la castidad de su lenguaje lo mereciera. Y si como de amigos familiares fueran de todos vistos los versos que V.M. escribe, no era menester mayor probanza de lo que aquí se trata que huyendo toda lisonja como quien sabe cuánto V.M. la aborrece, sin tocarle a aquellas palabras de Tulio, que Maxima culpa in eo est, qui et veritatem aspernatur, et in fraudem obsequio impellitur, ni a mí lo que él mismo más adelante cita del Eunuco de Terencio, dudo que se hayan visto más graves, limpios y de mayor decoro, y en que tan altamente se conoce su peregrino ingenio, que con las virtudes de que el cielo ha dotado sus honestísimas costumbres luce notablemente, y por quien dijo bien Cornelio Galo:

> Quin etiam virtus fulvo pretiosior auro,
> per quam praeclarum plus nicat ingenium.

Los sonetos llaman los italianos rime mescolate; las sestinas y madrigales rimas libres; las canciones en parte libres y en parte ordenadas, como también los son las estancias que en España llaman octavas rimas por ser de ocho versos, menos bárbaramente que a las canciones de a cinco llamar liras porque las comenzó Garcilaso diciendo Si de mi baja lira. De las estancias fueron inventores los sicilianos, aunque dicen que ellos solamente las hacían de seis versos y que el Bocacio añadió los dos últimos con que agora se cierran; los tercetos, de quien fue autor el Dante, son también rimas ordenadas. Llamáronse así porque cada rima se pone tres veces, eslabonándose unos a otros con maravillosa gravedad y artificio, pues se puede proseguir en ellos cualquier argumento como se ve en los Triunfos del Petrarca, y en los diversos capítulos y elegías que en Italia se usan de las estancias. Y destos se fabrica el soneto, aunque los ocho versos primeros difieren de la orden de la estancia y aun en los tercetos hay libertad de hacerlos, como se ve en tanta variedad de ejemplos. Pero no hay duda que cuando el terceto dellos guarda su rigor concluye más sonora y con más fuerza, respondiéndose mejor las cadencias a menos distancia de los que aquí van escritos. Volviendo al primer propósito, algunos significan tal vez propios afectos con alguna eficacia, pero siempre llevan la mira a la estimación propuesta cuando se les conozca desigualdad. Bien lo tiene disculpado Horacio aun en los que saben mucho, cuanto más en los que, como yo, fueren ignorantes:

> Sunt delicta tamen, quibus ignovisse velimus:
> nam neque chorda sonum reddit quem vult manus et mens;
> poscentique gravem persaepe remittit acutum,
> nec semper feriet, quodcumque minabitur arcus
> Algunas faltas perdonar debemos;
> la cuerda a intento y mano no se junta;
> queda agudo, si grave pretendemos,
> ni siempre acierta el arco donde apunta.

Papel que escribió un señor destos reinos a Lope de Vega Carpio en razón de la nueva poesía
Con mucho gusto he leído los dos poemas de ese caballero, solicitando entenderle con algún estudio de la lengua latina, en que he pasado los poetas que en ella tienen más opinión, y de la toscana, que aprendí en mis tiernos años, cuando el Duque, mi señor, asistió en Roma; pero habiéndome enviado un amigo este Discurso contra ellos, he quedado dudoso, aunque no por eso he perdido el gusto de muchas partes que hay en estos dos poemas, dignos del nombre de su autor. Mas confieso a vuesa merced, señor Lope, que querría que me dijese lo que siente desta novedad, y si le estará bien a nuestra lengua lo que hasta agora no habernos visto; porque si en esta frasi se escriben libros, será necesario que salgan la primera vez con sus comentos, y, éstos, pienso yo que se hacen para declarar después de muchos años las dificultades que en otras lenguas, o fueron sucesos de aquella edad, o costumbres de su provincia;

que en lo que es historia y fábula, ya tenemos muchos, y pienso que los que ahora comentan no hacen más de hacer otras cosas a propósito por ostentación de sus ingenios. Esto deseo saber del que en vuesa merced es tan conocido; no lo rehúse, que este advertimiento es porque le conozco, y porque yo fío de su modestia que a nadie le parecerá mal su censura, y yo le quedaré en mucha obligación. Dios guarde a vuesa merced como deseo.

Respuesta de Lope de Vega Carpio
Mándame vuestra excelencia que le diga mi opinión acerca desta nueva poesía, como si concurrieran en mí las calidades necesarias a su censura, de que me siento confuso y atajado; porque, por una parte, me fuerza su imperio, en mis obligaciones ley precisa, y por otra, me desanima mi ignorancia, y aun por ventura el peligro que me amenaza si este papel se copia, en el cual ni querría dar gusto a los que esta novedad agrada, ni pesadumbre a los que la vituperan, sino solo descubrir mi sentimiento, bien diferente de lo que muchos piensan, que, dando crédito a sus imaginaciones, son intérpretes equívocos de los pensamientos ajenos. Discurso era éste para mayor espacio del que permite un papel que responde a un príncipe en término preciso, y más en esta ocasión, y donde tantos están a la mira del arco, como si el más diestro tirador, como Horacio dijo, pudiese dar siempre al blanco; y así, procuraré con la mayor brevedad que me sea posible decir lo que siento, que pues Aristóteles en el libro primero de sus Tópicos dejó advertido que los filósofos, por la verdad, debent etiam sibi contradicere, bien puede el arte de hacer versos, pues todo su fundamento es la filosofía, como consta de]os antiguos, no sin afrenta de muchos de]os modernos, con el debido respeto a tanto varón, no digo contradecir, pero dar licencia aun hombre para decir lo que siente. Mas hay algunos que a las cosas del ingenio responden con sátiras a la honra, valiéndose de la ira donde les falta la ciencia, y quieren más mostrarse ignorantes y desvergonzados negando lo que escriben, que doctos y nobles en lo que defienden. En las Academias de Italia no se halla libertad ni insolencia, sino reprehensión y deseo de apurar la verdad; si ésta lo es, ¿qué pierde porque se apure, ni qué tiene que ver el soneto deslenguado con la opo-

sición científica? No lo hizo así el Taso, reprehendido en la Crusca por la defensa del Ariosto; no así el Castelvetro por la de Aníbal Caro; pero, en efecto, España ha de hacer lo que dicen los extranjeros, como se ve por el ejemplo de Antonio Juliano, de quien se rieron los griegos en aquel convite: Tamquam barbarum et agrestem, qui ortus terra Hispaniae foret.

Yo, señor, responderé a lo que vuestra excelencia me manda, con las más llanas razones y de más cándidas entrañas; porque realmente (y consta de mis escritos) más se aplica este corto ingenio mío a la alabanza que a la reprehensión, porque alabar bien puede el ignorante, mas no reprender el que no fuere docto y tenido en esta opinión generalmente; aunque en esta felicísima edad vemos hombres anotar y reprender cuando fuera justo que comenzaran a aprender; pero atájales la soberbia el camino de conseguir las ciencias con la humildad y contemplación; porque si todos los artes (como los antiguos dijeron) in meditatione consistunt, quien toma los libros para burlarse con arrogancia, y no para inquirir con humildad lo que enseñan, claro está que se hallará burlado y malquisto, justo premio de su locura. Cuán diferente juicio sea el de los hombres sabios díjolo muy bien Hermolao Bárbaro por estas palabras: Faciunt hoc alba, et ut graeci dicunt, bene nata ingenia: quorum summa et certa proprietas est, numquam docere, doceri semper velle, judicium odisse, amare silentium, quibusduobus tota pythagoricorum et academicorum continetur praeceptio. Déstos refiere Aulo Gelio que callaban dos años; pues ¿de quién son discípulos estos que siempre hablan? Bien dijo Plutarco del callar: Nescio quid egregium Socraticum, aut potius Herculeum prae se fert. No es buena manera de disputa la calumnia, sino la animadversión, que, Si vita nostra in remissionem et studium est divisa, no lo dijo Falereolo por la educación destos hombres, que no es éste el estudio que se distingue de la remisión.

Presupuestos, pues, estos principios como infalibles, y dando por ninguna la objeción de los que dicen que no se deben poner a las novedades, de que una facultad recibe aumento, porque omnium rerum principia parva fiunt, sed suis progressionibus usa augentur, ¿cuál hombre será tan fuerte, como César dijo, que non rei novitate perturbetur, y atienda a penetrar la causa de que nació la filosofía? y si una de las tres partes en que Cicerón la divide es: De disserendo, et quit verum, et quid falsum, quid rectum in oratione, quid pravum, quid consentiens, quid repugnet judicando; ésta es mejor manera de hablar que responder con desatinos en consonantes, que más parecen libelos de infamia que apologías de hombres doctos. Finalmente, yo pienso decir mi sentimiento, tengan el que quisieren los que obliquis oculis miran la verdad impedidos de la pasión, porque, Minime profecto fraudi esse debet, como Turnebol dice, juvandi studium, quod amplexi, obtrectatores contemnimus. De cuyos ingenios no puede temer ofensa quien desea la verdad con honestas palabras.

El ingenio deste caballero, desde que le conocí, que ha más de veinte y ocho años, en mi opinión (dejo la de muchos) es el más raro y peregrino que he conocido en aquella provincia, y tal que ni a Séneca ni a Lucano, nacidos en su patria, le hallo diferente, ni a ella por él menos gloriosa que por ellos. De sus estudios me dijo mucho Pedro Liñán de Riaza, contemporáneo suyo en Salamanca; de suerte que non indoctus pari facundia. et ingenio praeditus, rindió mi voluntad a su inclinación, continuada con su vista y conversación, pasando a la Andalucía, y me pareció siempre que me favorecía y amaba con alguna más estimación que mis ignorancias merecían. Concurrieron en aquel tiempo en aquel género de letras algunos insignes hombres, que quien tuviere noticia de sus escritos sabrá que merecieron este nombre: Pedro Láynez, el excelentísimo señor marqués de Tarifalo, Hernando de Herrera, Gálvez Montalvo, Pedro de Mendoza, Marcó Antonio de la Vega, doctor Garay, Vicente Espinel, Liñán de Riaza, Pedro Padilla, don Luis de Vargas Manrique, los dos Lupercios y otros, entre los cuales se hizo este caballero tan gran lugar, que igualmente, decía dél la fama lo que el oráculo de Sócrates. Escribió en todos estilos con elegancia, y en las cosas festivas, a que se inclinaba mucho, fueron sus sales no menos celebradas que las de Marcial y mucho más honestas. Tenemos singulares obras suyas en aquel estilo puro, continuadas por la mayor parte de su edad, de que aprendimos todos erudición y dulzura, dos partes de que debe de constar este arte; que aquí no es ocasión de revolver Tasos, Danielos, Vidas y Horacios, fundados todos en aquellos aforismos de Aristóteles. Mas no contento con haber hallado en aquella blandura y suavidad el último grado de la fama, quiso (a lo que siempre he creído, con buena y sana intención, y no con arrogancia, como muchos que no le son afectos han pensado) enriquecer el arte y aun la lengua con tales exornaciones y figuras, cuales nunca fueron imaginadas ni hasta su tiempo vistas, aunque algo asombradas de un poeta en idioma toscano, que, por ser de nación genovés, no alcanzó el verdadero dialecto de aquella lengua, donde hay tantas insignes obras inteligibles a la primera vista de los hombres doctos y aun casi de los ignorantes. Bien consiguió este caballero lo que intentó, a mi juicio, si aquello era lo que intentaba; la dificultad está en el recibirlo, de que han nacido tantas, que dudo que cesen si la causa no cesa: pienso que la oscuridad y ambigüedad de las palabras debe de darla a muchos. Verbis uti, dijo Aulo Gelio, nimis obsoletis exulcatisque, aut insolentibus, novitatisque durae et illepidae, par esse delictum videtur, pero más molesta y culpable cosa, verba nova, incognita et inaudita dicere, etc. Y, hablando de la Onomatopoeia, Cipriano en su Retórica dice: At nunc raro, et cum magno judicio hoc genere utendum est: ne novi verbi assiduitas odium pariat; sed si commodo quis eo utatur et raro, non ostendet novitatem, sed etiam exornabit orationem. Pero Fabio Quintiliano lo dijo todo en una palabra: Uritatis tutius utimur: nova non sine quodam periculo fingimus. Y más adelante, en el capítulo sexto: Consuetudo vero certissima loquendi. magistra: utendumque plane sermone, ut numo, cui publica lorma est. Y aunque en él se puede ver tratada esta materia abundantemente, no puedo dejar de citar un aforismo suyo, que lo incluye todo, pues la autoridad de Quintiliano carece de réplica: Oratio, cujus summa virtus est perspicuitas, quae sit vitiosa, si egeat interprete? Y cuando en el libro 8.º concede alguna licencia, es con esta limitación: Sed ita demum si non appareat affectatio.

En las materias graves y filosóficas confieso la breve oscuridad de las sentencias, como lo disputa admirablemente Pico Mirandola a Hermolao Bárbaro: Vulgo non scripsimus, sed tibi et tuis similibus.

Y acuérdase de los silenos de Alcibíades: Erant enim simulacra, por lo exterior fiera y hórrida; pero con deidad intrínseca, y donde Heráclito dijo que estaba escondida la verdad. Pero si por aquellas cosas que Platón llamaba teatrales desterró los poetas de su república, el medio tendrá pacíficos los dos extremos para que no esté tan enervada la dulzura que carezca de ornamento, ni él tan frío que no tenga la dulzura que le compete. Creo que muchas veces la falta del natural es causa de valerse de tan estupendas máquinas el arte; pero arte non conceditur, quod naturaliter denegatur. L. ubi re pugnantia, § I, De regulis jur.

No se admire vuestra excelencia, señor. si en esta parte me dilato, por ser tan alta materia el hablar, que della dijo Mercurio Trimegisto en el Pimandro que «solo al hombre había Dios concedido la habla y la mente, cosas que se juzgaban del mismo valor que la inmortalidad».

Pero, volviendo al propósito, a muchos ha llevado la novedad a este género de poesía, y no se han engañado, pues en el estilo antiguo en su vida llegaron a ser poetas, y en el moderno lo son el mismo día; porque con aquellas trasposiciones, cuatro preceptos y seis voces latinas o frasis enfáticas se hallan levantados adonde ellos mismos no se conocen, ni aun sé si se entienden. Lipso escribió aquel nuevo latín, de que dicen los que le saben que se han reído Cicerón y Quintiliano en el otro mundo; y siendo tan doctos los que le han imitado, se han perdido; y yo conozco alguno que ha inventado otra lengua y estilo tan diferente del que Lipso enseña, que podía hacer un diccionario, como los ciegos a la jerigonza. Y así, los que imitan a este caballero producen partos monstruosos que salen de generación, pues piensan que han de llegar a su ingenio por imitar su estilo. Mas pluguiera a Dios que ellos le imitaran en la parte que es tan digno de serio, pues no habrá ninguno tan mal afecto a su ingenio que no conozca que hay muchas dignas de veneración, como tras que la singularidad ha envuelto en tantas tinieblas, que he visto desconfiar de entenderlas gravísimos hombres que no temieron comentar a Virgilio ni a Tertuliano. Puédese decir por él en esta parte lo que san Agustín dice de la elocuencia, que no siempre persuade la verdad: Non est facultas ipsa culpabilis, sed ea male utentium perversitas. Otros hay que tienen este nuevo estilo por una fábrica portentosa, y se atreven a tantas letras y partes dignas de sumo respeto en su dueño, porque dijo el antiguo poeta Lucio que multa hominum portenta in Homero versificata monstra putanr. Ello, por lo menos, tiene pocos que aprueben y muchos que contradigan; no sé lo que crea; pero diré con Aristóteles: Quaedam delectant nova, quae postea similiter non faciunt.

Todo el fundamento deste edificio es el trasponer, y lo que le hace más duro es el apartar tanto los adjuntos de los sustantivos, donde es imposible el paréntesis, que lo que en todos causa dificultad la sentencia, aquí la lengua; y como esto en los que imitan es con más dureza y menos gracia, cuando ellos fueran Virgilios, hallaran algún Séneca que les dijera por la novedad que quiso usar con los vocablos de Ennio (aunque Gelio se ría desta censura): Virgilius quoque noster non ex alia causa duros quosdam versus et enormes, et aliquid super mensuram trahentis interposuit.

Los tropos y figuras se hicieron para hermosura de la oración. Estas mismas Antonio, Sánchez Brocense y los demás las hallan viciosas, como los pleonasmos y anfibologías, y tantas maneras de encarecer, siendo su naturaleza adornar; y si no, lean a Cicerón ad Herennium, y verán lo que siente de los dialécticos, después de haber dicho: Cognitionem amphiboliarum eam quae a dialecti cis profertur, non modo nullo adjumento esse, sed potius maximo impedimento, etc. Y engáñase quien piensa que los colores retóricos son enigmas, que es lo que los griegos llaman scirpos. (Perdónenme los que le saben, pues que son pocos, que hasta una palabra bien podemos traerla siendo a propósito.) Pues hacer toda la composición figuras es tan vicioso e indigno, como si una mujer que se afeita, habiéndose de poner la color en las mejillas, lugar tan propio, se la pusiese en la nariz, en la frente y en las orejas. Pues esto, señor excelentísimo, es una composición llena destos tropos y figuras: un rostro colorado a manera de los ángeles de la trompeta del Juicio o de los vientos de los mapas, sin dejar campos al blanco, al cándido, al cristalino, a las venas, a los realces, a lo que los pintores llaman encarnación, que es donde se mezcla blandamente lo que Garcilaso dijo, tomándolo de Horacio:

En tanto que de rosa y azucena.

La objeción común a Séneca es que todas sus obras son sentencias, a cuyo edificio faltan los materiales, y por cuyo defecto dijo Cicerón que hay muchos hombres a quien, sobrando la doctrina, falta la elocuencia. Las voces sonoras nadie las ha negado, ni las bellezas, como arriba digo, que esmaltan la oración, propio efecto della; pues si el esmalte cubriese todo el oro, no sería gracia de la joya, antes fealdad notable. Bien están las alegorías y traslaciones, bien la similitud por la traslación, bien la parte por el todo, la materia por la forma, y al contrario, lo general por lo particular, lo que contiene por lo contenido, el número menor por el mayor, el efecto por la ocasión, la ocasión por el efecto, el inventor por la invención y el accidente del que padece a la parte que le causa; así las demás figuras, agnominaciones, apóstrofes, superlaciones, reticencias, dubitaciones, amplificaciones, etcétera, que de todas hay tan comunes ejemplos; mas esto raras veces, y según la calidad de la materia y del estilo, como escribe Bernardino Danielo en su Poética. Verdad es que muchos las usan sin arte, y es causa de que yerren en ellas, porque la retórica quiere una cierta diferencia de ingenio, de quien San Agustín dijo, tomándolo de Cicerón, en el lib. De orat. : Nisi quis cito possit, numquam omnino possit perdiscere. El ejemplo para todo esto sea la transposición o transportamento, como los italianos le llaman, que todo es uno, pues ésta es la más culpada en este nuevo género de poesía, la cual no hay poeta que no la haya usado; pero no familiarmente, ni asiéndose todos los versos unos a otros en ella, con que le sucede la fealdad y oscuridad que decimos, si bien es más fácil manera de componer, pues pasa el consonante y aun la razón donde quiere el dueño por falta de trabajo para ablandarla y seguirla con lisura y facilidad. Juan de Mena dijo:

> A la moderna volviéndome rueda...
> divina me puedes llamar Providencia...

Boscán:

> Aquel de amor tan poderoso engaño.

Garcilaso:

> Una extraña y no vista al mundo idea.

Y Bernardo de Berrera, que casi nunca usó desta figura, en la elegía tercera:

> Y le digo señora dulce mía.

Y el insigne poeta por quien habló Virgilio en lengua castellana, en la tradución del Parto de la Virgen, del Sanazaro:

Tú sola conducir, diva María.

Y así los italianos, de que serían impertinentes los ejemplos.
Esto, como digo, es dulcísimo usado con templanza y con hermosura del verso, no diciendo:

En los de muros, etc.

Porque casi parece al poeta que refiere Patón en su Elocuencia, cuando dijo: «Elegante hablasteis mente»; figura viciosa que él allí llama cachosindethon. Finalmente, de las cosas escuras y ambiguas, y cuánto se deben huir, vea vuestra excelencia a san Agustín, en el lib. 4 De doctrina cristiana; porque pienso que su opinión ninguno será tan atrevido que la contradiga.

Platón dijo que todas las ciencias humanas y divinas se incluyeron en el poema de Homero. Puede ser que aquí suceda lo mismo, y que, de faltar Platones, no se ha entendido el secreto deste divino estilo, si ya no decimos déllo que Augustino del Apocalipsi, en el lib. 20 De civit. Dei, a Marcelino: In hoc quidem libro, cujus nomen ese Apocalypsis, obscure multa dicuntur, ut mentem legentis exerceant. Mas viniendo a una verdad infalible, no deja de causar lástima que lo que los ingenios doctos han procurado ennoblecer en nuestra lengua desde el tiempo del rey don Juan el Segundo hasta nuestra edad del santo rey Filipo III, ahora vuelva a aquel principio; y suplico a vuestra excelencia humildísimamente, pues está desapasionado, juzgue si es esto así por estas palabras de la prosa que se hablaba entonces, que con ejemplos no le quiero cansar, pues el de Juan de Mena, autor tan conocido, basta en el comento que hizo a su Coronación, donde dice así, hablando de la fama del gran marqués de Santillana, don Iñigo López de Mendoza:

«Y no quiere cesar ni cesa de volar fasta pasar el Caucazo monte, que es en las sumidades y en los de Etiopía fines, allende del cual la fama del romano pueblo se falla no traspasase, según en el de Consolación, Boecio; pues ¿cómo podrá conmigo más la pereza que no la gloria del dulce trabajo? ¿O por qué yo no posporné aquesta por las cosas otras, es a saber, por colaudar, recontar y escribir la gloria del tanto señor como aqueste? Mas esforzándome en aquella de Séneca palabra, que escribe en una de las epístolas por él a Lucilo enderezadas, etc.»

¿Puede negarse una cosa tan evidente? Pues certifico a vuestra excelencia que le pudiera traer infinitos ejemplos, como decir: «Por la de la buena fama gloria, y por ende las conmemoradas acatando causas, y láctea emanante, temblante mano y peregrinan te principio»; cosas que tanto embarazan la frasis de nuestra lengua, que las sufrió entonces por la imitación latina, cuando era esclava, y que ahora, que se ve señora, tanto las desprecia y aborrece. Decía el doctor Garay, poeta laureado por la Universidad de Alcalá, como él dijo en aquella canción,

> Tengo una honrada frente
> de laurel coronada,
> de muchos envidiada, etc.,

que la poesía había de costar grande trabajo al que la escribiese y poco al que la leyese. Esto es, sin duda, infalible dilema, y que no ofende al divino ingenio deste caballero, sino a la opinión desta lengua que desea introducir. Mas, sea lo que fuere, yo le he de estimar y amar, tomando dél lo que entendiere con humildad, y admirando lo que no entendiere con veneración; pero a los demás que le imitan con alas de cera en plumas tan desiguales, jamás les seré afecto, porque comienzan ellos por donde él acaba. A quien dijera yo lo que Escala a Politiano, dudando del estilo de una epístola suya: Non sapit salem tuum, multa miscet, omnia confundit, nihil probat.

La dureza es imposible que no ofenda la poesía, pues no deleita, habiéndose hecho para escribir deleitando. Memoria hace Crinito de la que tuvo Atilio, trágico, y que no menos que de Cicerón fue llamado ferreus poeta, aunque no sé si les viene bien el. apellido de poetas de hierro, pues ningunos en el mundo tanto oro gastan, tanto

cristal y perlas. Las voces latinas que se trasladan quieren la misma templanza; Juan de Mena usó muchas, verbi gratia:

> El amor es ficto, vaniloco, pigro. ...
> y luego resurgen tan magnos clarores...

Como en este caballero:

> Fulgores arrogándose presiente.

Que es todo meramente latino. No digo que las locuciones y voces sean bajas, Como en un insigne poeta de nuestros tiempos:
Retoza ufano el juguetón novillo.
Pero que con la misma lengua se levante la alteza de la sentencia puramente a una locución heroica, sea ejemplo el divino Herrera:

> Breve será la venturosa historia
> de mi favor, que es breve la alegría
> que tiene algún lugar en mi memoria.
> Cuando del claro cielo se desvía
> del Sol ardiente el alto carro apena,
> y casi igual espacio muestra el día,
> con blanda voz, que entre las perlas suena,
> teñido el rostro de color de rosa,
> de honesto miedo y de amor tierno llena,
> me dijo así la bella desdeñosa, etc.

Ésta es elegancia, ésta es blandura y hermosura digna de imitar y de admirar: que no es enriquecer la lengua dejar lo que ella tiene propio por lo extranjero, sino despreciar la propia mujer por la ramera hermosa. Pues si queremos subirlo más de punto, léase la canción a la traslación del cuerpo del señor rey don Fernando, que por sus virtudes fue llamado el Santo, y entre sus estancias, ésta:

> Cubrió el sagrado Betis, de florida
> púrpura y blandas esmeraldas llena,
> y tiernas perlas, la ribera undosa,

> y al cielo alzó la barba revestida
> de verde musgo, y removió en la arena
> el movible cristal de la sombrosa
> gruta, y la faz honrosa,
> de juncos, cañas y coral ornada;
> tendió los cuernos húmidos, creciendo
> la abundosa corriente dilatada,
> su imperio en el Océano extendiendo.

Aquí no excede ninguna lengua a la nuestra, perdonen la griega y latina. Pero dejándola para sus ocasiones, podrá el poeta usar della con la templanza que quien pide a otro lo que no tiene, si no es que las voces latinas las disculpemos con ser a España tan propias como su original lengua, y que la quieran volver al estado en que nos la dejaron los romanos, y prueba con tantos ejemplos el doctísimo Bernardo de Alderete en su Origen de la lengua castellana. Yo por algunas razones no querría discurrir en esto, que tal vez he usado alguna, pero adonde me ha faltado, y puede haber sido sonora y inteligible.

Por cuento de donaire se escribía y se imprimía no ha muchos años el estilo de aquel cura que hablaba con su ama esta misma lengua, pidiendo el «ansarino cálamo», y diciéndole que no suministraba «el etiópico licor el cornerino vaso». No quiero cansar más a vuestra excelencia ya los que no saben mi buena intención, sino acabar este papel con decir que nunca se aparta de mis ojos Fernando de Herrera, por tantas causas divino; sus sonetos y canciones son el más verdadero arte de poesía. El que quisiere saber su verdad, imítele y léale; que de Garcilaso no pienso hablar palabra, pues han llegado algunos a tanta libertad, que llaman poetas mecánicos los que le imitan; cosa tan lastimosa, que por locura declarada carece de respuesta. Harto más bien lo sintió el divino Herrera, cuando dijo en aquella elegía que comienza:

> Si el grave mal que el corazón me parte;

que a juicio de los hombres doctos había de estar escrita con letras de oro:

> Por esta senda sube al alto asiento
> Laso, gloria inmortal de toda España.

Muchas cosas se pudieran decir acerca de la claridad que los versos quieren para deleitar, si alguien no dijese que también deleita el ajedrez y es estudio importuno del entendimiento. Yo hallo esta novedad como la liga que se echa al oro, que le dilata y aumenta, pero con menos valor, pues quita de la sentencia lo que añade de dificultad. Con esto, vuestra excelencia, señor, crea que lo que he dicho es cosa increíble a mi humildad y modestia; y si no es violencia en mí, plegue a Dios que yo llegue a tanta desdicha por necesidad, que traduzca libros de italiano en castellano, que para mi consideración es más delito que pasar caballos a Francia; o a tanta soberbia, por falta de entendimiento, que haga reprehensiones a los libros a quien todos los hombres doctos han hecho tan singulares alabanzas y para que mejor vuestra excelencia entienda que hablo de la mala imitación, y que a su primero dueño reverencio, doy fin a este discurso con este soneto que hice en alabanza deste caballero, cuando a sus dos insignes poemas no respondió igual la fama de su misma patria:

> Canta, cisne andaluz, que el verde coro
> del Tajo escucha tu divino acento,
> si, ingrato, el Betis no responde atento
> al aplauso que debe a tu decoro.
> Más de tu Soledad el eco adoro
> que el alma y voz de lírico portento,
> pues tú solo pusiste al instrumento,
> sobre trastes de plata, cuerdas de oro.
> Huya con pies de nieve Galatea,
> gigante del Parnaso, que en tu llama,
> sacra ninfa inmortal, arder desea.
> Que como, si la envidia te desama,

en ondas de cristal la lira orfea,
en círculos de Sol irá tu fama.

En: La Filomena, de Lope de Vega.

Soneto I, 1609

Amor, conceptos esparcidos,
engendrados del alma en mis cuidados,
partos de mis sentidos abrasados,
con más dolor que libertad nacidos;
expósitos al mundo en que perdidos,
tan rotos anduvisteis y trocados,
que solo donde fuisteis engendrados,
fuérdades por la sangre conocidos;
pues que el hurtáis el laberinto a Creta,
a Dédalo los altos pensamientos,
la furia al mar, las llamas al abismo,
si aquel áspid hermoso no os aceta
dejad la tierra, entretened los vientos;
descansaréis en vuestro centro mismo.

Libros a la carta
A la carta es un servicio especializado para
empresas,
librerías,
bibliotecas,
editoriales
y centros de enseñanza;
y permite confeccionar libros que, por su formato y concepción, sirven a los propósitos más específicos de estas instituciones.

Las empresas nos encargan ediciones personalizadas para marketing editorial o para regalos institucionales. Y los interesados solicitan, a título personal, ediciones antiguas, o no disponibles en el mercado; y las acompañan con notas y comentarios críticos.

Las ediciones tienen como apoyo un libro de estilo con todo tipo de referencias sobre los criterios de tratamiento tipográfico aplicados a nuestros libros que puede ser consultado en Linkgua-ediciones.com.

Linkgua edita por encargo diferentes versiones de una misma obra con distintos tratamientos ortotipográficos (actualizaciones de carácter divulgativo de un clásico, o versiones estrictamente fieles a la edición original de referencia).

Este servicio de ediciones a la carta le permitirá, si usted se dedica a la enseñanza, tener una forma de hacer pública su interpretación de un texto y, sobre una versión digitalizada «base», usted podrá introducir interpretaciones del texto fuente. Es un tópico que los profesores denuncien en clase los desmanes de una edición, o vayan comentando errores de interpretación de un texto y esta es una solución útil a esa necesidad del mundo académico.

Asimismo publicamos de manera sistemática, en un mismo catálogo, tesis doctorales y actas de congresos académicos, que son distribuidas a través de nuestra Web.

El servicio de «libros a la carta» funciona de dos formas.

1. Tenemos un fondo de libros digitalizados que usted puede personalizar en tiradas de al menos cinco ejemplares. Estas personalizaciones pueden ser de todo tipo: añadir notas de clase para uso de un grupo de estudiantes,

introducir logos corporativos para uso con fines de marketing empresarial, etc. etc.

2. Buscamos libros descatalogados de otras editoriales y los reeditamos en tiradas cortas a petición de un cliente.

www.ingramcontent.com/pod-product-compliance
Lightning Source LLC
Chambersburg PA
CBHW032106040426
42449CB00007B/1207